FRANCISCO FAUS

AUTENTICIDADE & CIA.

3ª edição

QUADRANTE

São Paulo
2024

Copyright © 1998 Quadrante Editora

Capa
Provazi Design

Dados Internacionais de Catalogação na Publicação (CIP)

Faus, Francisco
  Autenticidade & Cia. / Francisco Faus — 3ª ed. — São Paulo: Quadrante, 2024.

  ISBN (Virtudes): 978-85-7465-801-8
  ISBN (Francisco Faus): 978-85-7465-594-9

  1. Personalidade 2. Liberdade — Origem I. Título

CDD-155.2

Índice para catálogo sistemático:
Personalidade : Liberdade 155.2

Todos os direitos reservados a
QUADRANTE EDITORA
Rua Bernardo da Veiga, 47 - Tel.: 3873-2270
CEP 01252-020 - São Paulo - SP
www.quadrante.com.br / atendimento@quadrante.com.br

SUMÁRIO

INTRODUÇÃO: ALGUMAS
    DIVERGÊNCIAS 5

ESPONTANEIDADE E AUTENTICIDADE... 11

AUTENTICIDADE E LIBERDADE................ 45

AUTENTICIDADE E FÉ 81

INTRODUÇÃO: ALGUMAS DIVERGÊNCIAS

A nossa reflexão sobre a autenticidade tem como ponto de partida uma pequena história: a história corriqueira das divergências entre dois namorados, uma estudante de terceiro ano colegial e um estudante de segundo ano de engenharia.

Faltavam dois meses para o Natal, e Mônica estava preocupada com o namorado, Eduardo (os nomes de ambos, como é óbvio, são fictícios, mas os personagens parecem-se bastante com figuras da vida real). Mônica, dizíamos, estava preocupada; mais exatamente, estava aflita.

Ela é católica praticante, convicta, com um desejo sincero de se formar e de ser coerente com a sua fé.

Ele é um dos inúmeros rapazes bons, que são cristãos de nome e pagãos na prática. Nunca viu manifestações de religiosidade em casa. Todos são batizados na Igreja Católica, exceto o avô — vindo criança do Japão —, que é budista, e uma tia meio espírita, meio esotérica. Todos se casaram na Igreja. Todos, sem exceção, quando vier o recenseamento, se lhes perguntarem *Religião?*, vão responder *Católica*, sem pestanejar.

Por que Mônica estava preocupada? Porque tinha rezado muito e sonhava que, após as tentativas frustradas do Natal anterior e da última Páscoa, nesse próximo Natal, Eduardo se decidiria por fim a confessar-se e comungar. Desejava tanto vê-lo ao seu lado na mesa da Comunhão!

Para preparar o terreno, convidou-o a acompanhá-la à Missa dominical no último domingo de novembro. Procurou ir a uma igreja onde a celebração não fosse interminável; para o Eduardo, agora, seria melhor uma Missa breve, não cansativa. Mas a boa vontade acabou em decepção. Eduardo, que é sincero, declarou-lhe que não tinha gostado nada da Missa, que não tinha entendido nada do sermão, e que, portanto, não estava disposto a voltar.

— Se eu fosse à Missa só para agradar a você, não seria sincero. Acho que a religião tem que ser uma coisa autêntica, que saia de dentro; senão, é palhaçada.

Mas o Natal vinha chegando, e Natal é Natal. Mônica voltou à carga suavemente, com aquela timidez que as moças sabem aliar, sem problemas, a uma inabalável teimosia.

— Sabe, estive pensando que você não gostou da Missa porque não a entendeu. Por que não começa a ler algum livro de doutrina? Já lhe falei disso outras vezes; ou, melhor ainda... (aqui hesita, duvida, pigarreia)..., por que não vai falar com o padre N., aquele que me orienta? Ele também foi estudante universitário, vai ver que te entende bem, pode esclarecer-te...

Eduardo está começando a ficar aborrecido:

— Já te falei que não quero ir à Missa, não gosto e não vejo por que teria que ir. Você quer que eu faça uma coisa fingida? Será que teria algum valor? Você, sim, vai porque gosta, porque se sente bem...

— Nem sempre. Às vezes, não tenho vontade nenhuma de ir, preferiria ficar dormindo, mas vou, sei que devo ir...

— Quer dizer que você vai por obrigação? Não entendo. Eu acho que rezar tem que ser uma coisa muito sincera, muito espontânea.

— Puxa! Mas eu vou à Missa consciente, porque acredito. Para mim, é uma questão de fé, é uma questão de coerência!

— Bom, isso será para você. Eu fico com a minha ideia...

Agora é ela que fica nervosa; e acaba explodindo:

— Que ideia sua, que nada! Você não tem ideia nenhuma. Diz que tem fé, mas a sua fé é nada, é puro chute!

— Olha, sorvete por quilo! — corta de repente Eduardo, saturado e firmemente decidido a desconversar.

— Nts! — reclama Mônica, mexendo a cabeça, desanimada. Duas lágrimas estão querendo aflorar: — Adeus Natal!

Não diga adeus — precisamos animá-la nós —, nem tudo está perdido. Se achar bem, podemos fazer um acordo: você continue rezando, e aqui tentaremos alinhavar, nas próximas páginas, algumas reflexões que seria bom ter feito em conversa com o Eduardo..., ou com o Marcelo, ou com a Daniela, ou com a Fernanda... e tantos outros. Quem sabe se algum dia Deus, na sua bondade, não quererá servir-se de alguma destas páginas para pôr um pouco mais de luz nessas cabeças e nesses corações. Só por isso, valeria a pena rezar e tentar pôr no papel alguma coisa.

ESPONTANEIDADE E AUTENTICIDADE

Deus ama a verdade no fundo do coração

Vamos começar pela questão da autenticidade. «Ser autêntico» é atualmente, para a maioria das pessoas — especialmente jovens —, o máximo valor. Faça o que fizer — assim pensam muitos — desde que seja autêntico, será válido, estará bem; o importante é que *esteja de acordo com o que você é, pensa e sente*. Pode acontecer — acham também isso — que o que é válido para você não seja válido para outros. Pode ser que, diante de um mesmo problema — por exemplo, a eutanásia — vocês tenham ideias contrárias, a favor ou contra. Mas não faz mal. Isso não terá a menor importância, desde que cada qual procure ser autêntico, ser ele próprio. O decisivo é ser sincero consigo mesmo.

E Deus, que pensa disso? Diz alguma coisa a esse respeito?

Sem dúvida. O que Ele nos pede é sinceridade, e ensina que, sem ela, a vida do homem, a sua religiosidade e o seu comportamento ficam viciados.

Deus ama a verdade no fundo do coração, diz o Salmo 51. Ou seja, Deus quer que, no mais profundo de nós, naquele centro da alma de onde brotam os pensamentos, as intenções e as decisões, sejamos sinceros, sejamos verdadeiros. O Deus da verdade detesta a duplicidade, o fingimento, as segundas intenções e o coração cheio de embuste (cf. Tg 4, 8; Sl 31, 2; Ecli 19, 23).

Jesus Cristo, desde o início da sua missão divina no mundo, proclama que a *pureza de coração* é imprescindível para *ver a Deus*, ou seja, para conhecer a Deus e chegar a Ele (Mt 5, 8). Em consonância com isso, ensina, por exemplo, que a primeira condição para que a oração seja boa é que *não seja como a dos hipócritas*; que seja um diálogo franco entre nós e Deus, *que vê em segredo*, uma confidência de coração escancarado, sem o palavreado oco e sem as atitudes formais e exibicionistas dos fariseus (Mt 5, 5-6).

Talvez nos lembremos de que uma das maiores alegrias de Cristo, no início da sua pregação, foi o seu encontro com Natanael — o futuro apóstolo Bartolomeu —, porque, embora rude, era *um verdadeiro israelita, em quem não há falsidade* (Jo 1, 47).

E, a par dessa alegria, Cristo mostrava a sua tristeza, e até mesmo a sua santa indignação, quando deparava com homens religiosos dominados pela hipocrisia. Lembrava-lhes, sem rebuço, que era deles que falara, havia séculos, o profeta Isaías, quando dizia em nome de Deus: *Este povo honra-me com os lábios, mas o seu coração está longe de mim* (Mc 7, 6). E não hesitava em apostrofá-los energicamente, porque o escrúpulo hipócrita que mostravam em observar até as menores prescrições da lei de Moisés só servia para encobrir o desprezo com que encaravam *os preceitos mais importantes da lei: a justiça, a misericórdia, a fidelidade* (Mt 23, 23).

E nós?

Quando contemplamos esse amor apaixonado de Cristo pela sinceridade, pela pureza de coração, sentimos o impulso de pôr-nos de pé e aplaudi-lo com entusiasmo: — É isso mesmo! Que maravilha! Eu sempre pensei assim!

Será?

Aparentemente, o que Cristo ensina está em plena sintonia com o que nós pensamos: — Sinceridade, autenticidade, só assim são válidas a religião e a vida! As nossas atitudes e práticas religiosas — dizemos — têm que ser autênticas, têm que *sair de dentro*, têm que estar de acordo com o que eu sou, o que eu penso, o que eu sinto.

Com isso, achamos que concordamos com Cristo, e O admiramos porque julgamos que Ele concorda conosco. Mas, se aprofundarmos um pouco, veremos que as coisas não são bem assim. Vamos examinar mais de perto o paralelismo que supomos existir entre o nosso modo de pensar e o pensamento de Cristo.

Nós dizemos: — É preciso ser autêntico. As convicções, as práticas e as atitudes religiosas têm que *sair de dentro*. Por isso, se eu não sinto a necessidade de rezar, ou de ir à Missa — não me sai de dentro —, ou não acho válido confessar-me, seria falta de autenticidade fazê-lo.

Mas Cristo poderia dizer-nos: — Sim, é verdade que só tem valor o que é sincero, o que *sai de dentro*, o que sai do fundo do coração. Mas..., o que é o *coração*»?

No nosso modo atual de falar, o *coração* significa geralmente o sentimento (falamos de coração frio, ardente, alegre, triste, apaixonado, ou de falta de coração); outras vezes, porém, significa a sinceridade, o que há de mais íntimo em nós, por assim dizer, o fundo da nossa alma (neste sentido, dizemos, por exemplo, «dou isso de coração» — ou seja, sinceramente —; «o que eu disse, saiu-me do coração» — quer dizer que é o que sinceramente penso e sinto —; «lá dentro do coração eu sei o que é certo e o que é errado» — nesta frase, coração equivale a consciência sincera).

Na linguagem de Cristo e, em geral, no modo de falar da Bíblia, a palavra *coração* tem principalmente esse segundo significado: o íntimo do homem, o fundo da alma, o núcleo da consciência, o nascedouro dos desejos, intenções e decisões.

Pois bem, tendo isso em conta, o primeiro aspecto que nos convém considerar é que o nosso *coração* não é totalmente puro; pelo contrário, tem bastantes coisas imperfeitas e impuras.

Por isso, o que nos *sai* do coração umas vezes é bom e outras é mau. Não basta que alguma coisa *saia do coração* para que, só por isso, seja «autêntica» e boa. Pode estar-nos saindo uma baixeza, uma mentira interesseira, uma ignorância inexcusável ou uma ironia vingativa, que naquele momento tínhamos realmente no coração. Ora, nenhuma dessas coisas é boa nem nos faz *autênticos*, antes pelo contrário, nos rebaixa e nos degrada.

Ou seja, o que nos *sai do coração* só indica o que há dentro do coração, bom ou mau. É a isso que Cristo se refere quando diz: *Toda a árvore boa dá bons frutos; toda a árvore má dá maus frutos* (Mt 7, 17).

Em suma, Cristo quer mostrar-nos que o que *sai do coração*, em si, não tem nenhuma garantia de bondade ou de autenticidade, pois — ao lado das coisas boas — também *é do coração que provém o que mancha o homem. Porque é do coração que provêm os maus pensamentos, os homicídios, os adultérios, as impurezas, os furtos, os falsos testemunhos, as calúnias. Eis o que mancha o homem* (Mt 14, 19-20).

Uma janela e um adjetivo

Se ainda não nos parece claro o que acabamos de ver, pensemos que muito provavelmente isso se deve a que confundimos dois conceitos que são bem diferentes: espontaneidade e autenticidade.

Para esclarecer esse equívoco, é preciso repisar que a espontaneidade, em si, não é nem boa nem má, pela simples razão — já comentada — de que a espontaneidade é apenas uma constatação: a única coisa que fazem o pensamento espontâneo, a palavra espontânea, o gesto espontâneo é abrir uma janela na alma, mostrar como que através de um vidro o que há no nosso interior. O que temos dentro vê-se pelo que sai espontaneamente para fora. Se você tem preguiça, vai sair preguiça; se guarda rancor, vai sair rancor; se cultiva amor, vai sair amor. Como uma chapa de pulmão, que revela, mas não melhora nem piora a saúde.

Então, por que chamamos «autenticidade» a uma coisa como a espontaneidade que, em termos de valor, é perfeitamente neutra?

No caso, a confusão não é só de palavras, mas de ideias; e isso é muito perigoso, porque as ideias determinam a conduta.

Com efeito, nada há, talvez, mais espontâneo em nós do que os nossos *desejos*, bons ou ruins. Pois bem, se confundirmos a autenticidade com a espontaneidade, será lógico pensarmos — como muitos fazem — que a atitude mais «autêntica» é a de seguir os nossos desejos sejam eles quais forem, deixar-nos levar pelas nossas apetências e «vontades».

— Seja autêntico! — proclamam muitos «espontâneos» —. Não se reprima, repressão faz mal. Você tem vontade de berrar? Berre. Tem vontade de beber? Beba! Tem vontade de pular todas as cercas? Pule-as! E você, mulher, não é verdade que está farta do marido e dos filhos, que gostaria de novas experiências, que sonha em realizar o que, presa à família, nunca conseguiu fazer? Largue a família! Siga as asas dos desejos! Já está na hora de ser autêntica, de ser você mesma, de se realizar!

Nunca ouviu frases assim? Com certeza já assistiu a essa telenovela.

Isto faz-me lembrar a repelente história de um «autêntico» que não há muito ouvi contar. Um professor de ginástica — aprendiz de Schwarzenegger — declara alto e bom som à plateia de colegiais que o escuta: — Eu não ligo para essa babaquice de religião! O que eu quero é *curtir* a vida e, acima de tudo, o sexo. Olhem, eu sou muito sincero. Quando saio com as garotas, falo bem claro desde o começo: «A única coisa que me interessa é sexo, *curtir* o sexo. Está avisada. Por isso, se você ficar grávida, é assunto seu. Aborte, faça o que quiser. Eu não tenho nada com isso. Eu avisei».

Sei de uma pessoa que, quando ouviu contar essa história repulsiva, não se conteve e comentou, com um gesto de náusea: — Muito autêntico, sim. Ele é mesmo um autêntico cafajeste!

Com esse comentário, sem reparar, pôs os pingos nos iis. Não só nos iis do cafajeste musculado, como nos da gramática e do pensamento, pois percebeu que «autêntico» é um *adjetivo*, e não um substantivo.

Não há ninguém que seja «autêntico» e mais nada, só autêntico. Um adjetivo assim isolado, pendurado no ar, não tem sentido. O adjetivo «bom», por exemplo, está à espera de um substantivo: «Homem bom», «Bom dia», «Bom restaurante»...

Por isso, quando alguém nos diz: «Eu quero ser autêntico», deveríamos perguntar-lhe: — «Você quer ser um autêntico quê?» Pois tanto pode ser um autêntico irresponsável como um autêntico responsável, um autêntico trapaceiro como um autêntico trabalhador, um autêntico criminoso como um autêntico santo.

— Certo — dirá alguém —, entendo, mas mesmo assim não vejo claro. Eu acho que falar de uma pessoa que é autêntica faz sentido...

— Pode fazer sentido, sim, se se subentende que a palavra «autêntico» é um adjetivo, de maneira que, na realidade, o que queremos dizer é que essa pessoa é «um homem autêntico», «uma mulher autêntica». Isso, sim, está carregado de significado.

Que é um «homem autêntico»?

Como lembrávamos acima, Cristo, ao ver Natanael que se aproximava dEle, exclamou, cheio de alegria: *Eis um verdadeiro israelita, em quem não há falsidade.*

Se traduzíssemos essa frase com uma ligeira variação — *eis um verdadeiro homem, eis um autêntico homem* —, o seu significado permaneceria inalterado. A felicidade de Cristo ao proferir esse elogio procedia do fato de estar perante um *homem de verdade*, um homem a quem o adjetivo *autêntico* podia ser aplicado com justiça.

Quais diríamos que são as características, as qualidades de um *homem autêntico* (varão ou mulher, que ambos os sexos entram no vocábulo «homem»)?

Vejamos. Quando alguém diz «isto é ouro autêntico», quer dizer que é ouro mesmo, tem a natureza do ouro, e não a do chumbo, nem a do cobre, nem a de uma liga de metais. Tudo, nesse objeto, corresponde à natureza, às propriedades, às características do ouro.

Da mesma forma, quando se diz «este é um homem autêntico», quer-se dizer que tudo nessa pessoa — o seu pensamento, a sua atuação, o seu relacionamento com os outros — corresponde à sua natureza de *homem*. Não à natureza de um animal, nem à de uma pedra, nem à de um robô, nem à de qualquer outra coisa que não seja *especificamente humana*.

Pode-se perguntar, então, o que é o especificamente humano. Creio que a melhor resposta ainda é a de Aristóteles, acompanhado por tantos outros: o homem é um *animal racional*. Isto é, tem todas as características biológicas do *animal*, do ser vivo. E, acima delas, possui a inteligência, a *razão*, que os animais não têm.

É, portanto, um ser inteligente, consciente, capaz de pensar, entender e julgar; e possui também o que os filósofos chamam *apetite racional*, isto é, a *vontade livre*, pela qual é capaz de querer, de escolher, de decidir e de agir com base no que a razão lhe faz ver.

Se o homem fosse apenas um animal, agiria movido de maneira determinista, pela bioquímica, por compulsões irresistíveis, por instintos e reações irreprimíveis, por reflexos condicionados, pela simples atração ou repulsão do meio...

Mas o homem não é um pedaço de matéria orgânica cega. Tem a inteligência e a vontade, tem o poder, a capacidade de pensar — em si mesmo, no mundo e na vida —, e de tomar posição.

Por isso, se quiser ser *coerente consigo mesmo* — ou seja, autêntico homem —, *deve pensar*, deve esforçar-se por *entender* o sentido da sua vida; deve orientar a sua vida, *consciente e livremente*, pelos rumos que a razão lhe indica. «Para que nos foi dada a razão», perguntava o filósofo Jaime Balmes, «senão para nos servirmos dela e empregá-la como guia das nossas ações?»*

Portanto, só é autêntico o homem que pensa e procura sinceramente uma resposta inteligente a estas perguntas: «Quem sou eu? De onde venho? Para onde vou? Para que vivo? Qual é o verdadeiro bem da minha vida? Qual é o verdadeiro bem do mundo, da sociedade de que faço parte e pela qual sou responsável?»...

Quem prescinde dessas perguntas e vive impelido pelo instinto, movido só pela atração do prazer — como

---

(*) *El Critério*, BAC, Madri, 1974, p. 293.

aquele indesejável musculado —, pelas vontades, pelos sentimentos superficiais, pelo imediatismo do que «gosta» e «tem vontade de fazer», esse não é um autêntico homem. É um infra homem. Ficou no estágio animal. Está traindo-se a si mesmo. Está desertando da *humanidade* para reduzir-se à animalidade.

Uma vida com sentido

«A razão foi-nos dada para empregá-la como guia das nossas ações», dizia Balmes.

Há muitos que «pensam que pensam, mas não pensam». Não é um trocadilho; é a realidade. Muitos, com efeito, julgam que *pensam*, mas só usam o «pensamento» para proporcionar respostas superficiais aos instintos e aos desejos mais egoístas; e, infelizmente, não usam o pensamento para o que é mais importante, para descobrir o «sentido» da sua vida: «Para que vivo eu?»

Enquanto um ser humano não tiver uma resposta a essa pergunta, uma resposta que lhe mostre o significado da sua existência — a sua razão de viver, de amar, de lutar, de trabalhar... —, não é um *autêntico homem*. Será um bicho mais ou menos pensante que circula, come, bebe, dorme, se entrega ao sexo como uma posta de carne faminta, fuça, desfruta, enjoa, se ilude, se desilude, trabalha, briga, se deprime, vai ao psiquiatra, não sabe o que lhe acontece, envelhece e morre.

Faz um par de anos, uma crônica jornalística reproduzia a resposta de uma mocinha à pergunta sobre o que achava dos bandos de vândalos e pixadores que danificam instalações públicas: — «Para mim», dizia ela, «as pessoas não sabem mais o que fazer das suas vidas». Sem grandes filosofias, essa menina lembrava que nós é que temos de «fazer a nossa vida», que é preciso «fazer algo com ela», e que não faremos nada de válido se não «soubermos o que fazer». Justamente por termos uma inteligência e uma vontade livre, somos os *responsáveis pela nossa vida*. Que fazemos dela? Que faremos dela?

Essa filósofa-mirim trouxe-me à memória outra menina e outra reportagem de jornal. No caso, uma reportagem bem triste. Em agosto de 1990, uma estudante de 16 anos despencou — jogou-se? — da janela de um dos últimos andares de um prédio de apartamentos, onde uma turma de colegas consumia drogas. Morreu na hora. Entre os seus papéis, acharam-se rabiscos de umas confissões íntimas. Data: 06.05.90. Do texto, baste uma amostra: «Vou ver se aqui eu consigo dizer tudo o que sempre quis dizer. Em primeiro lugar, eu queria viver. Mas eu vivo, o problema não é esse. O problema é ter que viver para quê? Ou para quem? Eu quero encontrar algo que me faça querer viver eternamente» (*Folha de S. Paulo*, 17.08.90).

A pobre mocinha não tinha descoberto ainda *para que* vivia, e por isso se achava perdida, sem sentido e sem rumo. Isso faz pensar que, mesmo na sua trágica desorientação, tinha uma intuição profunda do sentido *humano* da vida. Reparemos que ela não colocava a sua realização em possuir bens, em enriquecer, gozar dos prazeres da vida (como seria de esperar, mexendo-se num ambiente consumista e hedonista), mas numa «razão de viver», que não conseguia achar: «Eu quero encontrar algo que me faça *querer viver eternamente*». Só por isso era *humana*: porque sentia a sede de sentido, sem a qual tudo acaba em absurdo e frustração.

À vista desses dois episódios, tornam-se incisivas estas perguntas: — Podemos dizer que estamos configurando, orientando a nossa vida de acordo com um ideal que a cumule de sentido, ou pelo menos que lutamos para chegar a isso? Esse ideal move-nos de maneira a vencermos a preguiça, os impulsos meramente instintivos, a inércia e a moleza que se lhe opõem? Estejamos certos de que só vivendo assim poderemos dizer que somos *fiéis a nós mesmos*, ao que somos, às condições e exigências profundas da nossa *condição humana*; em suma, poderemos dizer que somos *autênticos seres humanos*.

Mais uma pergunta a fazer

Há, porém, mais uma pergunta a fazer, sem a qual ficariam incompletas as anteriores interrogações sobre o homem autêntico.

A pergunta é: — Você se considera filho de Deus?

Talvez a questão, levantada assim de repente, nos deixe um pouco perplexos. Mas creio que a grande maioria das pessoas responderia: — «Sim. Eu me considero filho de Deus».

— Você — poderíamos acrescentar — você reparou que isso tem consequências, e consequências muito sérias?

Veja. Se você é *filho de Deus*, então, só será autêntico se for um *autêntico filho de Deus*, alguém que vive da maneira mais coerente possível com a sua condição de filho de Deus: de um filho «pensado» e «querido» por Deus; de um filho colocado por Deus com amor no mundo «para algo» — porque Deus não cria filhos para nada —; de um filho, portanto, com uma «vocação» e uma «missão» a cumprir; de um filho cuja vida não se esgota neste mundo, mas se projeta na eternidade.

Se conhece um pouco a Bíblia e dá uma olhada pelo Novo Testamento, perceberá que a alegria de sermos *filhos de Deus* — com uma filiação que Cristo Redentor conquistou para nós, tornando-a a nossa verdadeira *identidade* — é uma alegria que perpassa todas as suas páginas.

Vede — diz, por exemplo, São João — *que grande amor nos mostrou o Pai: que sejamos chamados filhos de Deus. E nós o somos!* (1 Jo 3, 1). Essa é a nossa maravilhosa *identidade*! E São Paulo, por seu lado: *Não recebestes um espírito de escravidão para viverdes ainda no temor, mas recebestes um espírito de adoção de filhos pelo qual clamamos: Abbá! — isto é — Pai!* (Rm 8, 15).

Se somos filhos — vale a pena repisá-lo —, a consequência lógica será vivermos, no dia a dia, como autênticos filhos de Deus, correspondendo ao amor do Pai com o nosso amor filial.

Aquele que não ama — escreve São João — *não conhece a Deus, porque Deus é Amor* (1 Jo 4, 8). São Paulo frisa esse mesmo ideal com outras palavras: *Sede imitadores de Deus como filhos muito amados; e progredi no amor, segundo o exemplo de Cristo, que nos amou e por nós se entregou...* (Ef 5, 1-2).

Reconhecer que somos filhos de Deus evidencia uma realidade grandiosa e simples, já acima apontada: que Deus — que nos fez *à sua imagem e semelhança* (Gn 1, 27) e nos tornou seus filhos —, fez-nos, por isso mesmo, capazes do seu Amor, de uma íntima familiaridade e colaboração com Ele: destinados a compartilhar eternamente, pelo conhecimento e pelo amor, a sua vida divina*.

Daí a pungente e incurável insatisfação do ser humano que pretende achar a fonte da felicidade na procura egoísta de si mesmo e dos bens caducos, enquanto não descobre que só Deus pode acalmar a «sede» de infinito da sua alma imortal.

A ferida que clama por Deus

Numa das suas últimas obras, *Life after God*, Douglas Coupland, um escritor nascido em 1961 e que, como ele mesmo diz, pertence «à primeira geração americana educada sem

---

(*) Cf. *Catecismo da Igreja Católica*, n. 356.

religião», retrata a falta de sentido e o tédio acumulado de muitos dos seus companheiros, criados no vácuo do prazer sem Deus (drogas, álcool, sexo, ausência de ideais e de compromissos).

No final do romance, o protagonista faz chegar uma mensagem à namorada, que é como que a síntese da sua vida vazia e sem sentido: «Pois bem... eis o meu segredo. Digo-o com uma franqueza que duvido voltar a ter outra vez; de maneira que rezo para que você esteja num quarto tranquilo quando ouvir estas palavras. O meu segredo é que preciso de Deus; que estou farto e que já não posso continuar sozinho. Preciso de Deus para que me ajude a dar, pois me parece que já não sou capaz de dar; para que me ajude a ser generoso, pois me parece que desconheço a generosidade; para que me ajude a amar, pois me parece que perdi a capacidade de amar»*.

O vazio do homem sem Deus é uma ferida que grita, que clama, e que nada, a não ser Deus, pode curar. Quanta razão não tinha, a propósito disto, o Papa João Paulo II quando fazia o seguinte diagnóstico: «Talvez uma das mais notáveis debilidades da civilização atual esteja numa inadequada visão do homem. A nossa época é, sem dúvida, aquela em que mais se tem escrito e falado sobre o homem, a época dos humanismos e do antropocentrismo. Contudo, paradoxalmente, é também a época das profundas angústias do homem com respeito à sua identidade e destino, do rebaixamento do homem a níveis antes insuspeitados, época de

---

(*) *La vida despues de Dios*, Ediciones B, Barcelona, 1995, p. 301.

valores humanos conculcados como jamais o foram antes.

«Como se explica este paradoxo? Podemos dizer que é o paradoxo inexorável do humanismo ateu. É o drama do homem amputado de uma dimensão essencial do seu ser — o absoluto [Deus] — e colocado deste modo diante da pior redução do seu próprio ser»*.

A juventude atual

A juventude atual — dizem muitos — é mais autêntica que a de antigamente. Talvez tenham razão. Mas não a têm no sentido em que eles pensam, pois acham que a autenticidade

---

(*) *Discurso inaugural da III Conferência Geral do Episcopado Latino-americano* em *Conclusões da Conferência de Puebla*, Paulinas, São Paulo, 1979, pp. 23-24.

consiste em entregar-se sem *tabus* à onda do prazer, dos desejos e dos instintos. Não. A juventude atual — pelo menos, a melhor parte dela — é autêntica porque sabe que os paladinos da falsa «liberdade» da geração anterior, e os seus herdeiros atuais historicamente defasados, os enganaram e continuam a enganá-los, quer na mídia, quer na escola, quer no lar.

A juventude atual é autêntica porque se sente insatisfeita com as falsificações que a geração «Woodstock» lhes impingiu, e já não se impressiona mais com os seus berros, os seus chavões e a sua «sinceridade» de comédia. A geração atual sente a sede do «essencial», do Deus que lhe foi furtado pela orgia ideológica materialista. A juventude atual — o que há de melhor nela — sente, ou pressente, que o homem só será autêntico quando se encontrar a si mesmo, e que não há modo algum de se encontrar a si mesmo, a não ser encontrando-se em Deus.

Por isso, não causa estranheza a experiência que o escritor britânico Paul Johnson estampou há dois anos numa crônica publicada pelo *The Sunday Telegraph* de 7.04.96. Johnson acabava de participar, dando uma conferência, do Congresso *Univ 96*, que reuniu em Roma 1.200 universitários de 52 países. Era o dia 30 de março. No dia seguinte, 31 de março, Johnson participou também, desta vez com 2.000 estudantes, de uma Missa e de um encontro com o Papa — «um acontecimento jovial e barulhento» —, e redigiu a crônica do evento. Vale a pena ler uns excertos da mesma.

«No domingo de Ramos (31 de março), o Papa celebrou uma Missa na Praça de São Pedro. Umas trezentas mil pessoas enchiam a praça e a longa avenida que conduz a ela. Vinham do mundo inteiro, e eu calculo que mais de três quartas partes tinham entre 15 e 25 anos. O sol apertava. A Missa era longa [...].

«Os jovens escutavam e respondiam cantando com o que Yeats chamava "apaixonada intensidade". A sua paciência, fervor, profundo silêncio, bem como as suas aclamações entusiásticas quando o Papa se dirigia a eles, tudo atestava a extraordinária capacidade desse homem — desprezado pelos líderes ateus britânicos como "um ancião polaco" — de cativar a juventude.

«A que se deve isso? Segundo os critérios materialistas da nossa época, o Papa não tem nada que oferecer à juventude [...]. A sua mensagem é o reverso absoluto do materialismo com o qual, segundo dizem, sonha a gente jovem. Ele diz-lhes que se guardem do sucesso neste mundo. Adverte-os de que o sexo é um dom de Deus, com vistas a finalidades elevadas, cujo mau uso é pecado e pode ser desastroso. Pede-lhes que guardem a castidade fora do matrimônio e a fidelidade no matrimônio [...].

«É frequente julgar que a melhor maneira de atrair os jovens é bajulá--los. Este é o enfoque da burguesia comercial, que vende de porta em porta as suas mercadorias, e o dos magnatas da televisão à procura de audiência, imitados por políticos sem escrúpulos e clérigos com freguesias minguantes [...].

«Alguns jovens, infelizmente, rejeitam qualquer dimensão espiritual [...]. Mas muitos mais sentem necessidade do divino. Rejeitam o mundo em que os valores materialistas são os únicos. Anseiam por uma interpretação espiritual da vida. E, ao fazê-lo, pedem um evangelho que insista nos mais altos valores da conduta, que faça claras distinções entre o bem e o mal, que exija sacrifícios e advirta que o caminho é pedregoso, duro e longo. Querem uma religião apropriada para santos e mártires. E é isso exatamente o que prega João Paulo II. Ama os jovens, mas não altera o seu tom e o seu conteúdo para adaptá-los aos critérios do *marketing*. Trata-os como trata a todos: como pessoas espiritualmente maduras, intelectualmente rigorosas, capazes de profundos ideais e de sonhos elevados».

Sim — apostilamos nós, concluindo este capítulo —, trata-os como a *autênticos* seres humanos, como a criaturas chamadas a ser *autênticos filhos de Deus*.

AUTENTICIDADE E LIBERDADE

Um pequeno diálogo

Amamos a autenticidade, mas acabamos de ver como nos custa entendê-la. Amamos também a *liberdade* — tão necessária para uma vida autenticamente humana —, mas também é fácil entendê-la mal.

Que diria — vamos supor — uma menina estudante, uma adolescente comum, se lhe perguntássemos: — Você acha que alguém é capaz de viver autenticamente sem liberdade?

Eu não duvido de que a sua resposta seria: — Não! E provavelmente acrescentaria mais um comentário: —

Se não tenho liberdade, não posso fazer nada. Como posso realizar-me? Como posso ser autêntica? Se estou presa, dependente em tudo dos outros, como posso ser eu mesma?

— Ou seja que, para você, a liberdade consiste em...?

— Em poder fazer o que eu quero, sem imposições nem «podações»!

— O quê?

— Sem que me imponham o que tenho que fazer nem me «podem» a toda a hora: «Não pode sair», «Não vai viajar sozinha com esses amigos», «Se não voltar antes de tal hora, ficará proibida de ir a outras festas»...

— Certo, certo. Se não entendi mal, você quer dizer que, para ser livre, precisa de *duas coisas*: em primeiro lugar, de não ser impedida por outros (de não estar amarrada por imposições e proibições); e, em segundo lugar, de poder fazer o que quer.

— Exatamente. Ser livre é poder fazer o que eu quero.

Muito bem. Tomo nota desta última frase, que lembraremos mais adiante. Agora, vamos refletir um pouco sobre as tais *duas coisas*.

A primeira — não estar tolhidos pelos outros — é importante, mas eu diria que não é a *mais* importante para se ter uma autêntica liberdade. Mesmo um prisioneiro escravizado num campo de concentração pode possuir uma liberdade interior mais profunda que a dos seus carcereiros livres. Sobre isto haveria coisas muito bonitas a dizer, mas aqui não é o lugar.

A segunda coisa — poder fazer o que se quer — parece-me mais interessante. Mas precisa de ser bem compreendida, porque, se não, estragamos tudo...

Para nos entendermos melhor, será bom pensarmos em dois tipos de falsa liberdade, que nos ajudarão a enxergar a verdadeira.

Duas falsas liberdades

Imagine, em primeiro lugar, que observa na rua um homem que, de olhos esbugalhados e soltando grandes gargalhadas, vai batendo com um tijolo na cabeça dos velhinhos, arrancando bebês dos braços das mães e atirando-os como bolas de basquete para o outro lado da rua, quebrando as vitrines das lojas e deitando-se no meio da rua, lá onde o fluxo dos carros é maior. O que você diria? Que está doido varrido, não é? E, no entanto, você tem que concordar comigo em que ele está «fazendo tudo o que quer», enquanto não lhe puserem a camisa de força. Faz tudo o que lhe dá na telha, só que... está mal da telha, e isso o torna um caso patológico, e não um autêntico homem livre. Quando falta a *razão* (de novo a razão!), não se pode falar em liberdade, mas em loucura.

Já temos uma primeira condição da autêntica liberdade: deve ter como base a razão, a compreensão inteligente da realidade. Só em cima desse conhecimento racional é que se pode exercitar a liberdade, é que se pode querer, escolher, decidir *conscientemente* qualquer coisa. Por isso, uma boa definição de liberdade inclui necessariamente a ideia de reflexão, de decisão lúcida. Veja a que dá o *Catecismo da Igreja Católica*: «A liberdade é o poder, *baseado na razão e na vontade*, de agir ou não agir, de fazer isto ou aquilo, portanto de praticar atos deliberados» (n. 1731).

O que acabamos de ver complementa-se com a consideração de um segundo tipo de falsa liberdade, a que poderíamos chamar *liberdade de destruição*. Não é como a do louco, pois esta segunda liberdade baseia-se na razão, na inteligência e, muitas vezes, até numa extraordinária inteligência, e nuns raciocínios extremamente lógicos e bem concatenados..., mas está toda ela orientada para o mal. É a liberdade dos gângsters, dos mafiosos, dos traficantes de drogas, dos contrabandistas de armas, dos matadores profissionais, etc., etc. Pensam, planejam, arquitetam tudo muito bem, decidem e «fazem o que querem», mas o que querem é um *mal* objetivo, um mal que destrói.

Isto ajuda-nos a ver por que a liberdade pôde ser comparada à energia atômica: porque, como ela, possui um enorme poder, que tanto pode ser utilizado para o bem como para o mal, para aniquilar de uma vez milhões de seres humanos ou para fornecer energia a milhares de cidades e de fábricas. Todas as pessoas sensatas concordam em que só é *humano* e *certo* usar a energia atômica para uma finalidade construtiva e boa. Da mesma forma, todas as pessoas inteligentes e sensatas podem compreender que a liberdade só é *humana* (e, por isso, *autêntica*) quando se utiliza visando uma *finalidade construtiva e boa*.

Acabamos, assim, de pôr diante dos olhos um segundo elemento importantíssimo — ao lado da *razão* — para a liberdade: a *finalidade*.

Toda a liberdade, de fato, é desejada e exercitada *para* alcançar uma finalidade (liberdade *para* namorar, *para* viajar, *para* amar, *para* ter essas amizades, *para* estudar isto ou aquilo, *para* gozar dos prazeres da vida, etc.). Não existe verdadeira liberdade sem um fim. A pessoa que diz «Quero ser livre *para* ser livre», ou está dizendo uma tolice, ou na realidade está querendo dizer «Eu quero ser livre para fazer tudo o que o meu egoísmo desejar», ou por outras palavras, «Eu quero a liberdade *para* fazer tudo o que, em cada momento, me apetecer», com o que declara nitidamente a finalidade para a qual quer a sua liberdade: *para* o seu capricho e o seu interesse puramente egoísta.

A *finalidade*, em função da qual queremos ser livres, é o indicador da categoria e da autenticidade da nossa liberdade. Liberdade *para* o bem, *para* o mal..., ou *para* nada (para o vazio de uma vida inútil).

Poder fazer o que queremos

Num parágrafo acima, intitulado «Um pequeno diálogo», víamos a resposta que uma adolescente daria provavelmente à pergunta sobre o que é a liberdade: — «Ser livre é poder fazer o que eu quero».

Lembrando-nos das duas características da boa liberdade que acabamos de considerar — *razão*, inteligência lúcida para escolher; e *finalidade boa* —, podemos comentar a essa menina:

— Você fala-me de «poder fazer o que quer». Muito bem. Então, diga-me *o que* quer, na vida, e *por que* o quer.

Talvez você me retruque dizendo que lhe é impossível responder, porque, realmente, quer muitas coisas e por motivos muito diversos, e não dá para enumerá-los todos. Mas, se pensar devagar sobre qual é a finalidade mais profunda por que você quer todas as coisas que deseja na vida, penso que acabará dizendo: «Eu quero tudo o que me leve a ser feliz, tudo o que leve à minha realização, ao meu bem».

Com isso terá expressado algo de muito verdadeiro, pois é isso mesmo o que, no fundo — no fundo do fundo —, todos nós queremos: o nosso bem, a realização plena da nossa vida.

Essa é *a finalidade básica* a que todos aspiramos. Ninguém, a não ser um demente, quer o seu mal.

Acontece, porém, que a maioria dos que querem a sua realização, o seu próprio bem, *mesmo que disponham de toda a liberdade* possível, não o alcançam. São livres, podem usar a sua liberdade, mas fracassam.

Aqui vale a pena iniciar uma reflexão que é de importância capital. Não basta, com efeito, *dispor* da liberdade, ou seja, estarmos livres de imposições, restrições e amarras, para sermos autenticamente livres. A nossa liberdade pode revelar-se uma falsa liberdade — inútil e frustrante — por três motivos:

* Porque nos falta lucidez, quer dizer, porque o nosso raciocínio, o nosso modo de pensar na vida e nas coisas da vida, é confuso ou errado. *Pensamos mal e, por isso, escolhemos mal.*

* Porque, ainda que pensemos bem, quando chega a hora de «fazer o que queremos» (no caso, o que é bom, o que verdadeiramente nos vai realizar), *não «podemos»*, *devido à fraqueza da nossa vontade.*

* E finalmente, porque, mesmo começando a andar com lucidez e entusiasmo pelos caminhos bem escolhidos da nossa realização, pode suceder que *não sejamos capazes de chegar até ao final* por nos faltarem as forças necessárias; e que então desistamos, sucumbamos antes de termos atingido nenhuma meta.

Cada um desses perigos, cada uma dessas *doenças da liberdade*, pede um comentário.

Liberdade e verdade

Em primeiro lugar, é importante ver que a falta de lucidez do pensamento é uma *doença* mortal da liberdade. Pensar mal leva a escolher mal.

Sirvamo-nos, como referencial, de algumas experiências do cotidiano. Um conhecido, por exemplo, conta-nos que resolveu ir com o filho de São Paulo ao Rio de Janeiro: uma viagem-prêmio que o pai prometera (pai sem juízo, que premia a mera obrigação!) se o filho passasse de ano. Aí temos os dois, mais a mãe e uma irmã, no carro, com o bagageiro atulhado. O rapaz premiado assume o volante. Está ansioso por chegar ao Rio. — «Você conhece a saída para a Dutra?», pergunta-lhe o pai. O moço sorri com ar de suficiência. Nem se digna responder. Claro que sabe! E, ei-lo rodando por um emaranhado de ruas, de mãos e contramãos, de viadutos e elevados. Vai com uma segurança magnífica. Pega atalhos de homem esperto.

Até que, duas horas depois, todos percebem que estão indo exatamente em sentido contrário, rumo ao Mato Grosso, na direção Oeste...

Outra experiência, que dispensa comentários, é a dos fracassos e decepções no casamento, que nos cercam, infelizmente, em quantidade quase infinita. Em muitos desses casos lamentáveis, o que houve — além de sérias falhas morais — foi um engano. A pessoa — apesar das observações objetivas de amigos, de colegas, de familiares — empenhou-se em casar-se com fulano ou sicrana. Achava que os outros não a entendiam. Só ela sabia. Até que, passados poucos meses, ou um ano, ou dois, teve que dizer, com a cara coberta de vergonha: «Eu me enganei», «Eu não sabia»... Agiu com total independência, com total «liberdade», mas sem conhecimento profundo, sem a base da *razão* esclarecida, que é imprescindível para a verdadeira liberdade.

Quando João Paulo II insiste, repetidas vezes, em que «o *conhecimento da verdade é condição para uma autêntica liberdade*»*, está dizendo algo de essencial. É óbvio que, se um engano — uma falta de conhecimento da realidade, da verdade das coisas — em assuntos como o casamento ou a profissão, pode ser funesto e até mesmo frustrar a nossa vida, mais ainda nos pode arrasar o erro a respeito dos *verdadeiros bens*, do *verdadeiro ideal*, do *verdadeiro sentido da nossa vida*. Oxalá não sejamos daqueles que só se dão conta de que erraram redondamente quando já estão sem

---

(*) Encíclica *Veritatis splendor*, 6.08.1993, n. 87 e *passim*.

retorno — a não ser por uma confissão *in extremis* —, na velhice ou à beira da morte: «Eu pensava», «Eu não percebi», «Agora é tarde»...

A liberdade autêntica precisa da Verdade, que lhe dá sentido, rumo, firmeza; que é como a estrela que lhe marca a direção; que a orienta e a potencia para construir e não para destruir. Isto é algo que o rapaz em discussão com a namorada, que aparecia no início destas páginas, ainda não tinha compreendido. Perdido num «espontaneísmo» um tanto simplório, e num conceito também simples demais da liberdade — como livre vazão dos gostos e desejos —, não conseguia perceber que a sua namorada era muito mais autenticamente livre do que ele. Não percebia que a menina agia movida por um ideal — as suas convicções firmes, conscientes, fundamentadas —, e tomava decisões inteligentes, livremente ponderadas e decididas (por exemplo, a de ir à Missa por fé, mesmo que lhe faltasse o gosto), convicções livres, não subordinadas aos estados de ânimo e às oscilações dos desejos.

São Josemaria Escrivá, que amou e defendeu a liberdade com paixão, tem, sobre este tema, umas palavras que vale a pena meditar: «O Amor de Deus marca o caminho da verdade, da justiça e do bem. Quando nos decidimos a responder ao Senhor: *a minha liberdade para Ti*, ficamos livres de todas as cadeias que nos haviam atado a coisas sem importância, a preocupações ridículas, a ambições mesquinhas. E a liberdade — tesouro incalculável, pérola preciosa que seria triste lançar aos animais — emprega-se inteira em aprender a fazer o bem.

Esta é a liberdade gloriosa dos filhos de Deus»*.

Querer e não poder

«Ficamos livres de todas as cadeias que nos haviam atado...» Essa expressão de Mons. Escrivá, que acabamos de citar, faz-me lembrar um conhecido episódio das *Viagens de Gulliver*, que nos introduzirá na reflexão sobre a segunda *doença* da liberdade.

O protagonista do famoso romance de Jonathan Swift, após ter naufragado nos mares do Sul, arriba a nado a uma terra desconhecida. Exausto, deita-se na relva e, passadas nove horas, ao acordar — como ele mesmo narra — «tentei levantar-me, mas

---

(*) Josemaria Escrivá, *Amigos de Deus*, Quadrante, São Paulo, 2023, n. 38.

em vão o fiz. Vi-me deitado de costas, notando também que as pernas e os braços estavam presos ao chão, assim como os cabelos. Observei então que muitos cordões delgadíssimos me rodeavam o corpo, dos sovacos às coxas. Só podia olhar para cima»*. Não tardou em descobrir que, enquanto dormia, os minúsculos habitantes daquele país, a terra de Liliput, o haviam amarrado com finíssimos, mas sólidos cordões a uma multidão de estacas fincadas na terra. Mesmo fazendo força, não podia libertar-se.

Gulliver amarrado em Liliput é todo um símbolo. Pois é o verdadeiro retrato de muitos rapazes e moças — e adultos! —, que se julgam livres porque não estão mais condicionados ou

---

(*) Jonathan Swift, *As viagens de Gulliver*, Edições Cultura, São Paulo, 1940, p. 14.

amarrados por papai, por mamãe nem por ninguém, mas que, na realidade, estão presos por inúmeros fios que eles mesmos fabricaram.

Esses falsos-livres, enquanto se ufanam da sua total independência de ideias e de movimentos, não percebem que centenas de «liliputianos» invisíveis, nascidos da sua falta de caráter, lhes estão amarrando, dia após dia, a cabeça, o coração e a vontade. Parecem livres — libérrimos —, mas são prisioneiros, porque estão atados pelas cordas das suas fraquezas, vícios e defeitos.

Começam por ter a cabeça presa, porque as poucas ideias que possuem estão acorrentadas às modas, ao que está em voga no ambiente, ao que pensa a cabeça dos outros. — É moda fumar maconha? — ele fuma. — É moda beber nas festas até cair no chão? — ela se embriaga. — É moda rir da religião? — ele ri. — É moda acreditar na reencarnação? — ela acredita. — É moda o rock satânico? — ele blasfema e faz que adora Lúcifer.

— É moda ir praticamente sem roupa? — ela vai. A moda os escravizou, a ele e a ela, e são incapazes de pensar e agir com liberdade.

Esses subprodutos do ambiente, essas cabeças de fantoche, movidas pelos cordéis do meio ambiente, não são livres. Como também não são livres os cristãos sem doutrina, que desconhecem até o catecismo elementar das criancinhas e nem sabem que os Evangelhos são quatro e, no entanto, pontificam com arrogância sobre temas de religião, sem perceber que estão algemados pela sua ignorância.

Falta-lhes a todos, como facilmente se percebe, o que víamos ser a base primordial do ato livre: a razão madura, o conhecimento da verdade.

Mas há também outros «liliputianos» invisíveis — defeitos nossos, igualmente — que amarram a vontade e o coração. Para pôr um exemplo corriqueiro e banal, é muito comum que ele ou ela digam: «Eu faço o que quero. Acordo quando quiser, não quero que me batam à porta, não me venham com bitolações de pontualidade e horas certinhas de acordar». Dizem isso e não reparam que um «liliputiano» chamado preguiça já há muito tempo que os tem amarrados com cordões de aço, de maneira que seriam mais sinceros se dissessem: «Eu só consigo acordar quando a preguiça me dá licença; ela me mantém prisioneiro, escraviza-me, não posso acordar quando a inteligência me indica que deveria fazê-lo, nem quando a vontade desejaria; só quando a preguiça consente».

A mesma coisa poderia dizer-se de inúmeras «liberdades» de que jovens e velhos se gabam. «Liberdade sexual! Nada de restrições moralistas!» — «Liberdade? — poderíamos retrucar —. Seja sincero. Você está tão dominado pelo egoísmo sexual como outros o estão pela droga. Você não é livre! Você é uma pobre marionete dos seus instintos e das suas paixões! Não faz o que *quer*, mas o que *não consegue deixar de fazer*. Faz tempo que já não é dono do seu sexo, mas seu escravo».

Os exemplos poderiam multiplicar-se até ao infinito. Tentemos examinar-nos sinceramente a nós mesmos, procurando descobrir que *cordões* nos amarram. Veremos tantos! Descobriremos que estamos envolvidos por uma malha, uma espessa e pegajosa teia, tecida por uma aranha chamada *egoísmo*, que é preciso romper.

Tal pessoa é escrava da gula: nunca consegue fazer o regime de alimentação que lhe convém, nem é capaz de deixar de beliscar um prato na copa, nem de assaltar a geladeira fora de horas, nem de comprar constantemente chocolate, balas, chiclete, biscoitos, sorvete por quilo, etc., etc.

Tal outra pessoa — pode ser a mesma, não há muitos especialistas de um só vício — nunca chega pontualmente a nada. Atrasa-se na escola, atrasa-se no trabalho, atrasa-se no médico, atrasa-se na excursão, atrasa-se na visita à casa do amigo ou da amiga; atrasa o estudo, atrasa as tarefas, atrasa pôr em ordem os documentos... Uns «liliputianos» chamados moleza e desordem (irmãos gêmeos da preguiça) a trazem dominada e a puxam pela coleira como se fosse um cachorrinho.

Tal outra pessoa está dominada pela vaidade. Não consegue agir livremente, com simplicidade. Tudo nela é artificial, «dependente» do que os outros vão pensar, vão comentar entre si, vão criticar. É escrava da «imagem» que quer apresentar aos outros. E essa enervante dependência acaba sendo como que um choque elétrico constante, que lhe paralisa a liberdade.

Tal outra pessoa — último exemplo — está tão voltada para si mesma, tão apegada aos *seus* planos, que não consegue sair deles para ajudar a quem lhe pede uma mão, para gastar um tempo cuidando de um doente em casa, para prestar um serviço necessário aos colegas. Fechada em si mesma, amarrada pelo «eu», deixou de ser livre para amar.

«A liberdade», diz o Papa João Paulo II, «necessita de ser libertada»*. Para sermos livres, precisamos cortar as amarras. E a tesoura que corta os fios chama-se *mortificação*.

(*) Encíclica *Veritatis splendor*, n. 86.

Cortando os fios

Víamos que a teia de fios finos e fortes que nos envolve é tecida pela aranha do nosso egoísmo. A única maneira de vencermos o egoísmo é dizer-lhe *não*.

Sem a negação dos impulsos egoístas, não pode haver afirmação da bondade e do amor que, livremente, nós desejamos. Sem o esforço e o treinamento da mortificação, poderemos querer, mas não vamos poder.

Mais uma vez fica claro que a *atitude autêntica* não é a do «espontaneísmo» — ir tocando a vida, sem negar nada aos impulsos, desejos e caprichos —, mas a do ideal na cabeça, secundado por uma vontade libertada de amarras.

Mortificação, sim. Mas, qual? São necessárias muitas, em geral;

mortificações pequenas e constantes. Por exemplo:

* Dizer não a detalhes de gula: mais esse chocolate, não; mais esse copo de cerveja, não!

* Dizer não à preguiça que nos faz atrasar, com desculpas esfarrapadas, um dever ou um compromisso (profissional, religioso, familiar), ou nos sugere levantar-nos da mesa de trabalho antes de termos terminado o estudo ou a tarefa começada.

* Dizer não ao egoísmo que nos leva a fazer-nos de surdos quando o pai, a mãe, um irmão, um amigo, precisam da nossa colaboração.

* Dizer não ao amor-próprio que ferve, querendo retrucar com ira a uma indelicadeza, ou que não quer desistir de uma pequena vingança.

* Dizer não à tentação de sensualidade egoísta, que quer olhar todas as baixarias — nas bancas de jornal, na televisão, na Internet —, que só nos degradam.

* Dizer não à vontade de mexericar, de criticar, de meter a colher numa conversa onde se fala mal dos outros.

* E muitos outros *não*, que devemos ter a coragem de dizer a tudo aquilo que é falso e errado, para poder dizer *sim* ao bem e à verdade.

São João Paulo II, depois de dizer que a liberdade tem que ser libertada, acrescenta: «Cristo é o seu libertador».

Um cristão com as características do homem ou da mulher autenticamente livres que estamos descrevendo, entende perfeitamente essa breve frase. É junto de Cristo, e com a graça dEle — sem a qual não teríamos a força de que necessitamos (cf. Jo 15, 5) —, que aprendemos a descobrir a verdade, a escolher com autenticidade e a mortificar-nos com generosidade, a fim de podermos correr livremente pela estrada do amor e do bem.

Para ser capaz

E vamos à terceira *doença* da liberdade, começando com uma comparação que pode ser útil.

— Que maravilha! Ele faz o que quer!

Esse ou parecido comentário, cheio de admiração, todos nós já o ouvimos diante da apresentação de um artista excepcional: músico, ator, cantor... Pensemos, por exemplo, num grande pianista. Começa a interpretar uma peça de Mozart, e os seus dedos voam, deslizam, dançam, correm, acariciam, adejam, desenvolvem movimentos quase angélicos por cima do teclado, dando uma sensação de facilidade absoluta. Realmente, esse pianista *faz o que quer*, domina, com absoluta liberdade, segurança, arte e graça, o instrumento musical.

Possui, sem dúvida, a faísca do génio: está dotado de uma sensibilidade especial para a música, tem uma facilidade particular para captar-lhe os segredos. Mas todas essas predisposições naturais de nada lhe serviriam se não tivesse dedicado, ao longo de anos e anos, horas e mais horas ao estudo da música, ao aprendizado, aos exercícios de solfejo, de piano, ao aprimoramento constante da sua arte. O esforço deu-lhe a facilidade de um *hábito* adquirido, e esse hábito bom dá-lhe a liberdade de tocar «como quer».

Algo de semelhante acontece na nossa conduta. Só nos tornamos *capazes* de fazer livremente o bem que desejaríamos quando — além de pedir a ajuda de Deus — vamos adquirindo os hábitos bons que se chamam *virtudes* — as virtudes humanas —

mediante o esforço, o exercício voluntário e constante: tentando, insistindo, aprendendo, corrigindo.

«A virtude», lemos no *Catecismo da Igreja Católica*, «é uma disposição habitual e firme para fazer o bem. Permite à pessoa não só praticar atos bons, mas dar o melhor de si mesma [...]. Pessoa virtuosa é aquela que *livremente* pratica o bem» (nn. 1803-1804).

Quantas vezes muitos de nós, ao admirarmos as virtudes dos outros, não comentamos, com um suspiro de tristeza: «Eu não seria capaz!» Louvamos, por exemplo, a alegria e a serenidade com que um pai, que passa por uma grave tribulação profissional, se comporta com a família; ou elogiamos a paciência de uma mãe; ou a abnegação de um rapaz órfão de pai, que estuda à noite, trabalha o dia inteiro e carrega sem protestos todo o peso familiar. «Eu não seria capaz!»

Por que não seríamos capazes? Não é, certamente, por falta de condições básicas. Para sermos um pianista exímio, um grande ator ou um pintor excepcional, sim, seria preciso que estivéssemos dotados, que tivéssemos condições especiais. Mas, para adquirirmos as virtudes (prudência, sinceridade, coragem, paciência, perseverança, amizade, ordem, fortaleza, sobriedade, castidade, mansidão, etc., etc.), basta-nos ser *humanos*.

Quem é um ser humano e, portanto, tem alma, possui a inteligência e a vontade: só com isso, já está *dotado* das condições básicas suficientes para adquirir todas as virtudes humanas. Algumas delas poderão custar-lhe mais do que a outras pessoas, mas nenhuma cairá fora das suas possibilidades. Se quiser, ajudado pela graça divina, acabará por conquistá-las. E, então, tomar-se-á *capaz*.

Não vemos, com isso, a importância da educação nas virtudes, do aprendizado das virtudes, do exercício das virtudes? É um fato lamentável que hoje, à diferença de outras épocas, pouca importância se dá, nos lares e na escola, à formação das virtudes. Parece que basta fornecer uma educação que capacite para exercer uma profissão e ganhar dinheiro. E a personalidade de muitos jovens vai ficando assim imatura e informe — não formada —, justamente porque lhes falta o que forja o caráter: as virtudes.

Chega, depois, o momento da luta pela vida, a hora de constituir uma família e de levar avante as responsabilidades profissionais e sociais, e aquele rapaz ou aquela moça, mesmo tendo um expediente universitário brilhante, encontram-se perante a «ciência da vida» como analfabetos, como combatentes desarmados. Não podem, não conseguem, não são capazes de suportar os sacrifícios e os sofrimentos normais da vida; de dar a volta por cima dos fracassos; de conviver e de colaborar no trabalho com pessoas difíceis... Não «podem» porque tudo isso só se consegue com as virtudes; e eles, ou não as têm, ou as têm tão fracas que se esfarelam ao primeiro choque.

A luta pelas virtudes

Convençamo-nos de que, sem as virtudes, estamos condenados a ser os náufragos da vida, que tentam sustentar-se nas águas do mundo e avançar rumo à terra firme sem jamais consegui-lo. As pessoas afundam-se quando lhes falta essa *autêntica liberdade*, que só as virtudes podem dar.

Mas estas linhas não são um estudo sistemático sobre as virtudes, e sim reflexões sobre a autenticidade.

Por isso, vamos limitar-nos a lembrar, com o *Catecismo da Igreja Católica*, que as virtudes se adquirem «pela educação, por atos deliberados e por uma perseverança retomada com esforço» (n. 1810).

São três pontos, sobre os quais nos convém examinar-nos:

* Procuro *educar-me* nas virtudes humanas e cristãs? Sei o que são e como se deve lutar — passo a passo — para consegui-las? Detecto claramente os meus defeitos, as minhas falhas na prática das virtudes?

* Proponho-me, com *atos deliberados* — ou seja, com propósitos concretos, definidos, conscientes — realizar todos os dias algum esforço para conseguir ou para melhorar alguma virtude?

* Apesar das dificuldades, *persevero* nesse esforço de conquista e cultivo das virtudes humanas e cristãs, apoiando-me cada vez mais em Deus, sem desanimar, sem me cansar, sem desistir?

Este é o caminho dos *autênticos*. Sem isso — insistimos —, a nossa liberdade não passa (permita-me usar uma expressão popular) de «papo». E Deus chama-nos para um grande ideal, e não para uma «conversa fiada».

AUTENTICIDADE E FÉ

Fé ou amor?

No início da década de setenta, num período em que fermentavam as crises e revoluções sociais, ideológicas e religiosas, dois intelectuais católicos franceses — o filósofo Jean Guitton e o jornalista converso André Frossard — mantiveram um diálogo aberto sobre problemas da atualidade, ao longo de vários programas radiofônicos. O diálogo era aberto porque, como hoje é tão comum na televisão, os ouvintes participavam, manifestando — no caso, por escrito — as suas opiniões.

Num dos programas, Guitton começou dizendo: «Em uma das nossas conversas anteriores, abordávamos o problema da fé, e já recebi muitas cartas a esse respeito. Um dos meus correspondentes escrevia: "André Frossard e o senhor falaram da crise da fé; mas o essencial não é um problema de fé, e sim um problema de amor. Não importa tanto saber se se tem ou não se tem fé; trata-se de saber se se ama"...»

Penso que muitos dos jovens atuais, mesmo católicos, concordariam plenamente com a opinião desse rapaz. Não hesitariam em afirmar que o que nos faz autênticos é, acima de tudo, amar, independentemente de crermos ou não, de termos esta ou aquela fé. Tanto faz a religião que cada qual tem — diriam —, o importante é amar, é ter amor e dar amor.

Após recordar de novo que este pequeno livro está sendo escrito, sobretudo, pensando em moças e rapazes, e particularmente nos que são ou se dizem católicos, acrescento que, também para Cristo, o amor está acima da fé: *O primeiro de todos os mandamentos* — ensina Jesus — *é este: amarás o Senhor teu Deus de todo o teu coração, de toda a tua alma, de todo o teu espírito e de todas as tuas forças. Eis o segundo: Amarás o teu próximo como a ti mesmo. Outro mandamento maior do que estes, não existe* (Mc 12, 29-31).

Então, como se explica o que Frossard, bom conhecedor do Evangelho, comentou a seguir naquele programa? «No Evangelho, o que Deus mais admira, o que provoca a admiração de Cristo, é, sobretudo, precisamente a fé. Chega a dizer, com uma espécie de espanto [ao ver a fé do centurião romano que pede a cura do seu servo]: «Nunca tinha visto tamanha fé em Israel». Essa fé faz parte das virtudes teologais e não pode ser separada do amor».

Na mesma linha, Guitton reforçou: «Se tivesse que escolher entre a fé e o amor, creio que daria preferência à fé. Partindo da fé, estou persuadido de que encontraria o amor, sem as falsas ilusões nem os equívocos que costumam acompanhá-lo». E acrescentou ainda: «Entre a fé e o amor há uma corrente de força e de luz, que faz com que o verdadeiro amor leve à fé, e a verdadeira fé leve ao amor»*.

Esses comentários não são nenhuma tolice. Pelo contrário, apontam para questões decisivas, muito delicadas, em que é fácil derrapar sem perceber, com consequências desastrosas; questões de que depende precisamente a autenticidade da fé. Por

---

(*) Revista *Palabra*, Madri, maio de 1971, p. 9.

isso, interessa-nos refletir com um pouco de calma a esse respeito.

Crer para amar

Tanto Guitton como Frossard partem da base de que a fé precede o amor, mais concretamente, de que a fé é uma condição para podermos amar com um amor autêntico.

Para entender exatamente o que querem dizer, é preciso ter presente que se trata de dois católicos inteligentes e cultos. Portanto, a noção de fé que eles possuem não é um conceito infantil, vago ou confuso. Pelo contrário, têm a noção clara e precisa que deveria ter todo e qualquer católico que conheça ao menos o catecismo da primeira comunhão, a mesma noção que nos expõe o *Catecismo da Igreja Católica*: «A fé é primeiramente uma *adesão pessoal* do homem a *Deus*; é ao mesmo tempo, e inseparavelmente, o *assentimento livre a toda a verdade que Deus revelou*» (n. 150).

Por outras palavras: ter fé é, antes de mais nada, crer em Deus: crer que Deus existe, que é Alguém que pode ser encontrado, conhecido e amado, e aderir pessoalmente a Ele; e depois disso, ter fé é aceitar, assentir às *verdades* que Deus revelou — que nos manifestou claramente — sobre Si mesmo, sobre o sentido da vida humana, sobre os valores da existência, sobre a nossa missão na terra, sobre o bem e o mal, sobre a verdadeira religião, etc.

Sabendo que a fé é isso, uma pessoa de boa vontade chega facilmente a duas conclusões:

* Primeira: como bem sabemos, só podemos amar a quem conhecemos. Ninguém *ama* de verdade um desconhecido — um nome lido por acaso na lista telefônica —, nem uma figura puramente imaginária. Em contrapartida, podemos amar e admirar de verdade uma pessoa das nossas relações, que conhecemos bem; e também uma pessoa que nunca vimos, mas que conhecemos a fundo, como se a tivéssemos visto, por referências, leituras e outras informações objetivas. Aplicando este raciocínio ao amor de Deus, está claro que só podemos amar a Deus de verdade se o conhecemos bem. E um cristão sabe que só o conhecemos bem se sabemos o que Ele nos manifestou acerca de si mesmo por meio de Jesus Cristo: *Ninguém jamais viu a Deus. O Filho único* [Jesus], *que está no seio do Pai, foi quem o revelou* (Jo 1, 18).

* Segunda: Deus *revelou-nos* — sobretudo pelos ensinamentos de Cristo — o verdadeiro bem e o verdadeiro mal, os valores certos da vida, os caminhos da bem-aventurança, da felicidade terrena e eterna, ou seja, da autêntica realização humana, individual e social. Ora, ninguém pode negar que é impossível amar o próximo de verdade se não sabemos o que é bom para ele, pois amar é querer bem, querer *o bem* da pessoa amada. Mas como poderemos proporcionar aos outros o verdadeiro bem se o ignoramos?

Tudo isto evidencia que primeiro deve vir o conhecimento — que nos é dado sobretudo pela fé em Jesus Cristo —, e só depois pode vir o amor. Neste sentido, os dois intelectuais franceses tinham razão.

Por não perceber isso é que muitos «autênticos» tropeçam e se afundam. Querem uma religião «autêntica como eles», sem as «firulas» — assim falam às vezes — das doutrinas, dos dogmas, dos ensinamentos da Igreja; querem uma fé «sincera», de coração, com «pouca teoria e muito amor». Na realidade, padecem de um vácuo de fé, de uma ignorância leviana, que os leva a amar mal — e a causar até um grande mal aos outros — ou a não amar em absoluto. É desse modo que se forja a triste inautenticidade de tantos «autênticos».

Fé e «fés»

Talvez os esclarecimentos anteriores se destaquem mais se os colocarmos contra o pano de fundo das «fés que não são a fé»; por assim dizer, das fés falsas, que parecem ouro, mas são barro.

Vejamos um bom elenco dessas «fés» inautênticas, em confronto com a fé verdadeira, feito por um escritor cristão, Michel Quoist:

«A fé não é:
- uma impressão ou um sentimento;
- uma certa forma de otimismo em face da vida;

- a satisfação de uma necessidade de segurança.

«Também não é:
- uma opinião;
- uma simples regra de bom comportamento moral;
- uma convicção baseada apenas no raciocínio;
- uma evidência científica;
- um hábito social, fruto da educação.

«A fé é, em primeiro lugar, uma *graça* (recebida em germe no batismo), quer dizer, um dom de Deus. Essa graça ajuda-nos a reencontrar uma pessoa viva, Jesus Cristo; permite-nos adquirir a certeza de que Ele fala a Verdade, de que o seu testemunho — palavra e vida — é exato. Com a força dessa certeza, a fé consiste então em *esposar o seu olhar*, a sua visão de nós mesmos, dos outros, das coisas, da humanidade, da história, do universo, do próprio Deus, e *comprometer-se em função desse olhar*»*.

Comentemos, por enquanto, só a primeira parte desse texto. O autor começa dizendo o que a fé «não é». Não custa muito perceber que isso — o que a fé «não é» — coincide exatamente com o que grande quantidade de jovens e menos jovens acham que «é» a fé, pelo menos a «fé» deles.

Para bastantes deles, com efeito, a fé não passa de um sentimento; ou então é uma simples opinião pessoal, uma crença que cada qual escolhe, não se sabe bem como, ou, melhor, sabe-se, sim: de acordo com os seus interesses.

A pseudofé dessas pessoas parece-se muito com o mitológico leito de Procusto, o estalajadeiro grego que tinha

---

(*) Michel Quoist, *Réussir*, Ouvrières, Paris, 1961, p. 201.

na hospedaria uma cama-padrão. Se o hóspede era mais comprido do que o leito, serrava-lhe o que sobrava das pernas e deixava-o esvaindo-se em sangue; se era baixinho, esticava-o pela cabeça e pelos pés até torná-lo do tamanho do leito, mesmo que com isso acabasse com a vida do coitado. O importante era «adaptar» todo o mundo ao formato do leito.

Da mesma forma, bastantes, que se julgam autênticos, só aceitam as verdades religiosas e morais se se «adaptam» — mesmo que seja deturpando-as, retalhando-as, arrancando-lhes pedaços vitais — ao formato do leito do seu comodismo, da sua sensualidade, da sua ambição, da sua cupidez..., quer dizer, ao formato dos seus sete pecados capitais, que eles não estão dispostos a combater.

Por isso, se há, por exemplo, um preceito da Igreja que, concretizando o terceiro mandamento da Lei de Deus, manda ir à Missa aos domingos e dias santos, eles acharão «careta» levá-lo a sério. Tal preceito só seria autêntico se se adaptasse ao leito de Procusto da sua moleza, dos seus planos de fim de semana, dos seus gostos e do seu prazer. Não se adapta? Corta!

Se, para pôr outro exemplo, o sexto e o nono mandamentos da Lei de Deus ordenam que se respeitem amorosamente os planos divinos nas coisas relativas ao sexo — à faculdade de transmitir a vida humana —, eles vão rir-se desse «plano divino» — dentro do qual justamente se ilumina o valor da castidade e da fidelidade — e dirão que o sexo é para gozar (como a cerveja, o sorvete, a coca-cola, a praia e as drogas) e que o resto são histórias.

Em consequência dessa mentalidade, o «deus» deles — tal como a religião deles — é um falso «deus» plástico, ajeitado, domesticado, moldado pelos dedos do egoísmo, da condescendência, da vida fácil, do consumismo, do prazer, do descompromisso...; em suma, um «deus» falsificado que se adapta ao leito de Procusto da sua falsíssima autenticidade. Não é, absolutamente, o *Deus vivo e verdadeiro* (1 Ts 1, 9). É somente um ídolo, *obra das suas mãos* (Sl 135, 15).

Uma graça e uma boa disposição

O autor acima citado, além de dizer aquilo que a fé *não é*, comenta também *o que é*. Digo que «comenta», porque usa palavras simples, conversacionais, sem pretender formular uma definição teológica. Começa essa parte — como víamos — com uma afirmação categórica: «A fé é, em primeiro lugar, uma graça, quer dizer, um dom de Deus».

É coisa que muitos esquecem e, por isso, são poucos os que rezam, pedindo a Deus a fé, ou o aumento da fé, que tanta falta lhes faz; e também são poucos os que procuram ter a alma preparada para recebê-la, purificando-a dos obstáculos que bloqueiam a recepção da fé.

O principal desses obstáculos é a má disposição do coração, mais ou menos consciente. Geralmente, é a má vontade que nos leva a não querer ouvir falar de Deus, a manter uma voluntária indiferença, a não querer «saber» das coisas de Deus, para não termos que incomodar-nos, corrigir-nos, comprometer-nos e mudar.

Mas, quer queiramos ouvi-lo quer não, Deus fala-nos, e *fala claro*. Abramos a Bíblia, mesmo que seja ao acaso. Logo perceberemos que Deus nos procura sem cessar; que se dirige de mil modos a cada um de nós; que se «abre» conosco, oferecendo-nos o seu amor; que nos quer salvar, enviando-nos e entregando-nos, para isso, o seu Filho, Jesus Cristo. Como diz o autor da Carta aos Hebreus: *Muitas vezes e de diversos modos outrora falou Deus aos nossos pais pelos profetas*; *ultimamente falou-nos pelo seu Filho* (Hb 1, 1-2).

Falou-nos pelo Filho. Jesus Cristo, desde o seu nascimento em Belém, «fala», não cessa de falar. Fala com o seu exemplo, fala com a sua palavra, fala, por meio do Espírito Santo, dentro do nosso coração. Ele é *a verdadeira Luz que, vindo ao mundo, ilumina todo o homem* (Jo 1, 9). *É a luz que resplandece nas trevas*, apesar de que, muitas vezes, *as trevas não o recebam* (cf. Jo 1, 5).

Mas, como Ele próprio dizia — e já Isaías profetizara antes —, há muitos que, diante dEle e das suas palavras, *vendo não veem, e ouvindo não ouvem* (cf. Lc 8, 10). Por quê? Porque *o seu coração se endureceu: taparam os seus ouvidos, e fecharam os seus olhos, para que os seus olhos não vejam, e os seus ouvidos não ouçam, nem o seu coração compreenda; para que não se convertam e eu os sare* (Mt 13, 15). E, se nos perguntarmos ainda por que fizeram isso, Jesus dir-nos-á mais: *Porque todo aquele que faz o mal odeia a luz e não vem para a luz, para que as suas obras não sejam reprovadas. Mas aquele que pratica a verdade* [nós diríamos, o «homem autêntico e sincero»] *vem para a luz* (Jo 3, 20-21).

Só quem é sincero, *reto e bom* (Lc 8, 15), é capaz de abrir os olhos e o coração a Deus.

Mas, e quando já existe essa boa disposição? Isso vale muito, mas não basta. Temos que compreender que as verdades que Deus nos revelou são de uma grandeza tão indizível, de uma claridade tão intensa e deslumbrante, que os olhos da mente — as forças da razão humana — não são capazes de captá-las plenamente, de abrangê-las até ao fim. É uma coisa análoga à que acontece com a luz do sol: certamente um cego não a pode ver, porque carece de toda a capacidade visual; mas também não consegue vê-la quem tem boa vista, se encara o sol diretamente, devido ao excesso de luminosidade; não é que lhe falte capacidade visual; é que essa capacidade é limitada, e não suporta uma luz tão forte.

Há verdades referentes a Deus que *não* excedem a capacidade visual da nossa razão (por exemplo, chegar à conclusão de que Deus existe, é criador, é bom etc.). Mas há outras muitas que a ultrapassam (como o conhecimento dos desígnios e planos de Deus sobre a Redenção do mundo, a vida íntima da Santíssima Trindade, o mistério de Jesus Cristo, Deus e homem verdadeiro, etc.). Para podermos «ver» essas realidades, precisamos de outra «visão» mais poderosa. Pois bem, essa nova potência visual é justamente a que a graça da fé comunica à alma; é como se Deus nos emprestasse os seus próprios olhos,

«Poderia talvez comparar-se a alma cristã», escreve Boylan, «a um piloto que *voa às cegas*, que segue o rumo e as ordens pelo rádio. Tem de estar equipado com um aparelho receptor devidamente sintonizado [...]. A alma cristã está em situação semelhante. Precisa de um *equipamento* sobrenatural para receber e acatar a direção de Deus com certeza e confiança»[*].

Se procurarmos «ver a Deus», com coração puro e vontade sincera (cf. Mt 5, 8), Cristo tocará os olhos da nossa

---

[*] Eugene Boylan, *Amor sublime*, União Gráfica, Lisboa, 1955, pp. 84-85.

alma, como tocou os do cego Bartimeu; conceder-nos-á a graça da fé e nos dirá: «Vê!»... *No mesmo instante, ele recuperou a vista e foi seguindo Jesus pelo caminho* (Mc 10, 52).

Um encontro que é uma descoberta

No comentário de Quoist sobre a fé, acima citado, víamos que esse autor, depois de dizer que a fé é uma graça, acrescenta que ela nos ajuda a *reencontrar uma pessoa viva, Jesus Cristo*, e nos permite adquirir a *certeza de que Ele fala a Verdade*. Vamos refletir também um pouco sobre isto.

Uma das cenas mais bonitas do Evangelho é a narração da cura de outro cego. Andava certa vez Jesus pelas dependências externas do Templo de Jerusalém, quando encontrou incidentalmente *um cego de nascença*, um rapaz que nunca tinha visto a luz, que jamais se extasiara com as cores da natureza nem se comovera fitando um rosto amado. Ao chegar perto dele, Cristo exclamou: *Enquanto estou no mundo, eu sou a luz do mundo.* E, imediatamente, realizou o milagre de lhe abrir os olhos.

Foi-se o antigo cego, deslumbrado pela beleza do mundo, a rir e a contar a todos a sua felicidade. Horas depois, Cristo reencontrou-o e, olhando-o com carinho, sorriu, enquanto lhe perguntava: — *Crês no Filho do homem?* O cego entendeu logo a pergunta (bem sabia que a expressão «Filho do homem» era um título com que o profeta Daniel designara o futuro Messias) e respondeu: — *Quem é ele, Senhor, para que eu creia? Disse-lhe Jesus:* — *Tu o vês, é o mesmo que fala contigo.* — *Creio, Senhor!* — disse ele. *E prostrando-se diante dele, o adorou* (Jo 9, 1ss).

Quem é ele, Senhor! Essa é a grande pergunta que todos nós deveríamos fazer. Quem é Cristo? Quem és Tu, Senhor? Porque são muitos os que falam de Cristo, dizem que acreditam nEle e que o admiram, mas muito poucos o conhecem de verdade. Em vez de possuírem a verdadeira imagem de Cristo, têm dEle uma ideia distorcida pela ignorância, pela confusão de opiniões e pela fantasia. Com a ajuda da graça de Deus, o primeiro passo da fé cristã deve ser *conhecer* Cristo.

É muito importante perceber que o Cristianismo — a fé cristã — começou assim: com um encontro alegre, com o feliz deslumbramento produzido pelo encontro com Cristo.

Os primeiros discípulos de Jesus — Pedro, André, João, Tiago, Filipe... —, depois de estarem com Ele pela primeira vez, num entardecer inesquecível à beira do rio Jordão, foram, irradiando felicidade — com os olhos a brilhar e a palavra ofegante pela emoção —

comunicar, um ao irmão, outro ao amigo, a grande notícia: — *Encontramos o Messias (que quer dizer o Cristo)! É Jesus de Nazaré!* (Jo 1, 41.45).

«Conhecer» Cristo deixa uma marca indelével. Descobrir *mesmo* Cristo produz um deslumbramento inefável: mete no coração uma luz que não se esgota, uma vitalidade nova, uma alegria que jamais envelhece.

São João, um daqueles primeiros discípulos que víamos junto de Jesus, muito tempo depois, quando já estava com a idade de quase cem anos, escreveu as lembranças do seu convívio com Nosso Senhor, e nelas testemunhava com viço juvenil: *O que era desde o princípio* [Cristo, o Verbo, Deus e homem verdadeiro], *o que ouvimos, o que vimos com os nossos olhos, o que contemplamos e as nossas mãos apalparam no tocante ao Verbo da vida [...], nós vo-lo anunciamos, para que também vós tenhais comunhão conosco [...]. Escrevemo-vos estas coisas para que a vossa alegria seja completa* (cf. 1 Jo 1, 1-4). João tinha tanta alegria dentro do peito que queria compartilhar com todos a sua fé transbordante de felicidade.

A nossa imagem de Cristo

E nós? É bem provável que, a muitos de nós se possam aplicar as palavras do livro *Caminho*: «Esse Cristo que tu vês não é Jesus. — Será, quando muito, a triste imagem que podem formar teus olhos turvos... — Purifica-te. Clarifica o teu olhar com a humildade e a penitência. Depois... não te hão de faltar as luzes límpidas do Amor. E terás uma visão perfeita. A tua imagem será realmente a sua: Ele!»*

(*) Josemaria Escrivá, *Caminho*, Quadrante, São Paulo, 2023, n. 212.

Nós não «vemos» Jesus, a maior parte das vezes, devido à nossa ignorância, porque pouco sabemos dEle. Por isso, far-nos-á bem reconhecer com *humildade*: «Não sei quase nada. Nunca me preocupei de conhecê-lo a sério». E, *penitenciando-nos* por esse desinteresse, que é uma falta de amor, também nos fará bem acrescentar: «Sinto muito este descaso, dói-me esta superficialidade, este desleixo». Então, surgirá sozinha dentro da nossa alma uma conclusão: «Preciso conhecê-lo, e conhecê-lo a fundo». Mas, como conseguirei?

Como? Um bom roteiro é o que traçava Mons. Escrivá: «Que procures Cristo. Que encontres Cristo. Que ames a Cristo. — São três etapas claríssimas. Tentaste, pelo menos, viver a primeira?»* Eis, a seguir, algumas sugestões

---

(*) Josemaria Escrivá, *Caminho*, n. 382.

que nos podem ajudar a percorrer essas etapas:

* Ler todos os dias algum trecho (ainda que seja só uma página, meia página, durante cinco minutos) do Evangelho, do Novo Testamento. Melhor se for numa hora fixa — de manhã, antes do trabalho, ou antes do jantar, por exemplo —, lutando por adquirir esse bom hábito.

* Procurar um bom livro — do tipo «biografia» — sobre a vida de Cristo, e ir lendo-o devagar, com o texto do Evangelho ao lado para conferir, até fazermos uma ideia completa da vida de Jesus[*];

* Depois de conhecer um pouco melhor a vida de Cristo, de nos termos

---

(*) Uma biografia excelente, entre outras, é: J. Pérez de Urbel, *A vida de Cristo*, Quadrante, São Paulo, 2021.

familiarizado mais com ela, meditar as palavras e os atos de Nosso Senhor que os Evangelhos conservam. Talvez a melhor maneira de fazê-lo seja a que também aconselhava Mons. Escrivá: ler as passagens do Evangelho «metendo-nos nelas, como um personagem mais»; e então olhar para Cristo e pensar no seu exemplo e nas suas palavras como uma interpelação pessoal, como se Ele se dirigisse a nós e esperasse a nossa resposta; podemos estar certos de que — dado que Cristo vive — esse modo de proceder estará mais perto da realidade do que da imaginação*.

* Estudar a doutrina cristã sobre Nosso Senhor Jesus Cristo, ou seja, conhecer os aprofundamentos sobre

---

(*) Cf. "Vida de oração", em Josemaria Escrivá, *Amigos de Deus*, pp. 248-261.

o mistério de Jesus Cristo alcançados pelos grandes santos, pelos místicos cristãos e pelos bons pastores e teólogos da Igreja; por outras palavras, a doutrina guardada, aprofundada e transmitida pelo Magistério da Igreja ao longo de vinte séculos, que é exposta de maneira clara e acessível nos Catecismos e em muitos bons livros de formação cristã*.

* E, ainda, esforçar-nos por chegar à amizade com Cristo, conversando com Ele frequentemente — em casa, no quarto, na rua, no trânsito, no trabalho, em todo o lugar —, de modo que a nossa amizade com Cristo se torne cada vez mais íntima. Então, o coração

---

(*) Ver o amplo *Catecismo da Igreja Católica*, Vozes, Petrópolis; Loyola, São Paulo, 1993; e, entre os pequenos catecismos, o *Catecismo breve*, Quadrante, São Paulo, 2023.

descobrirá coisas que a cabeça sozinha nunca seria capaz de perceber.

Que devo fazer?

Outro que conheceu, literalmente, o «deslumbramento» do encontro com Cristo foi São Paulo. Ele mesmo nos conta a sua experiência. Estava chegando à cidade de Damasco, na Síria, *para onde me dirigi* —diz ele — *com o fim de prender os* [cristãos] *que lá se achassem e trazê-los a Jerusalém, para que fossem castigados.*

Ora, estando eu em caminho, e aproximando-me de Damasco, pelo meio-dia, de repente me cercou uma forte luz do céu. Caí por terra e ouvi uma voz que me dizia: Saulo, Saulo, por que me persegues? Eu repliquei: Quem és tu, Senhor? A voz disse-me: Eu sou Jesus de Nazaré, a quem tu persegues. Os meus companheiros viram a luz, mas não ouviram a voz que me falava. Então eu disse: Senhor, que devo fazer? (At 22, 5-10).

Derrubado pela voz de Cristo, literalmente deslumbrado pela graça da fé que lhe era concedida naquele momento, São Paulo fez a pergunta da «autenticidade»: *Que devo fazer?*

Também nós, quando abraçamos sinceramente a fé em Cristo, devemos dirigir-lhe esta pergunta: *Que devo fazer? Senhor, que queres que eu faça?*

Víamos antes — com palavras de Quoist — que a fé em Jesus Cristo nos permite adquirir a *certeza* de que Ele fala a Verdade, e consiste em *esposarmos o seu olhar* e em *comprometer-nos em função desse olhar*. Duas coisas ressaltam destas últimas ideias sobre a fé.

Primeira, que, para um cristão que *acredita* mesmo, a palavra e a vida de Cristo são a Verdade, a Luz definitiva, que esclarece, ilumina e orienta todos os seus pensamentos, palavras e ações: *Eu sou a luz do mundo; aquele que me segue não andará nas trevas, mas terá a luz da vida* (Jo 8, 12).

Segunda, que essa luz não é teórica, mas prática, é *luz da vida*; de maneira que a fé só pode ser autêntica se for um *compromisso* de viver praticamente *em função do olhar de Cristo*, ou seja, de acordo com a sua visão de todas as coisas; por outras palavras, de acordo com as perspectivas concretas que a Verdade cristã nos dá.

Assim o expressa o Papa João Paulo II: «A fé», escreve na Encíclica *Veritatis Splendor* (nn. 88-89), «é uma *decisão que compromete toda a existência*. É encontro, diálogo, comunhão de amor e de vida daquele que crê com Jesus Cristo, Caminho, Verdade e Vida. Comporta um ato de intimidade e de abandono a Cristo, *fazendo-nos viver como Ele viveu*, ou seja, no amor pleno a Deus e aos irmãos. A fé inclui também um *compromisso coerente de vida*, comporta e aperfeiçoa o acolhimento e a observância dos mandamentos divinos».

Uma luz e um compromisso

A alternativa, para nós, é clara: ou levamos uma vida iluminada e guiada pela Verdade; ou então caminhamos envoltos na penumbra, no nevoeiro das nossas opiniões e palpites superficiais sobre o que é certo e o que é errado, sobre os valores verdadeiros da existência, sobre o papel da religião, sobre o sentido do sexo, da família, da vida humana, da ética no trabalho, da responsabilidade em face da pobreza, da ignorância, do sofrimento, da injustiça e de todas as chagas que afligem os nossos irmãos, os homens.

Aquele que, pela fé, achou a Verdade de Cristo não pode fechar impunemente os olhos à sua luz. Se o fizer por medo ou comodidade, uma voz no íntimo da consciência lhe dirá que está fugindo, mais ainda, que está traindo. Ter visto a Verdade compromete a agir.

Não caiamos, pois, na covardia de esquivar a pergunta de São Paulo: *Que devo fazer?* Nem as outras perguntas inseparáveis dessa: *Que devo pensar sobre os problemas da vida? Que valores devo amar e defender? Por que ideais devo pautar o meu comportamento, todas as minhas opções e decisões?*

Tais perguntas vão apresentar-se constantemente na nossa vida, sob formas muito concretas, levantando-nos delicadas questões de consciência. Devemos compreender, além disso, que a nossa fé não é apenas uma questão pessoal, com a qual se possa brincar, dizendo: «É assunto meu; se eu não acredito ou não pratico, é coisa minha; o que é que os outros têm a ver com isso?»

Isso é falso, falsíssimo! A fé não é nunca só «coisa minha». Os outros têm muitíssimo a ver. Porque a luz — ou as trevas — que eu tiver na minha mente e no meu coração vão influir decisivamente no meu comportamento e, portanto, no meu exemplo; nas minhas opiniões sobre os problemas da atualidade e, portanto, na opinião de outros, que a minha vai influenciar; no meu ideal de família e, portanto, no tipo de família pelo qual eu vou lutar; no meu conceito de moral e de justiça no trabalho, e, portanto, no meu modo de trabalhar, servindo a sociedade ou atropelando tudo e todos com a minha ânsia de vantagens pessoais; no modo como assumo a ajuda ao próximo — ao meu irmão necessitado, aos problemas sociais — ou lhe viro as costas; nas posições que eu adote sobre o valor da vida humana desde o seu nascimento até ao seu término natural (aborto, eutanásia), etc., etc.

O «tipo» de fé que nós tivermos e praticarmos terá muitíssima influência — muito mais do que agora imaginamos — no presente e no futuro da nossa vida pessoal, familiar, profissional e social. Por isso, a responsabilidade pelo nosso «compromisso» cristão é grande. Só uma pessoa inconsciente ou infantilizada pode ficar contornando essas questões. Daí que *a formação cristã não seja um luxo, mas uma necessidade*: é preciso ter luz, para poder caminhar na luz (cf. 1 Jo 1, 7).

Caminhando à luz da fé

É necessária a *formação cristã*, porque precisamos de ideias claras e respostas claras para cada situação e cada problema. Não só precisamos da formação intelectual — ou seja, do conhecimento da doutrina de que falávamos antes —, mas da formação prática, da aplicação da doutrina à vida. Não podemos ser — para usar uma imagem de Mons. Escrivá — como os que «passam pela vida como por um túnel, e não compreendem o esplendor e a segurança e o calor do sol da fé»*. Têm fé teórica, têm algumas ideias religiosas, mas essas permanecem tão fora da vida como os raios do sol estão fora do túnel.

Em cada dia há muitas ocasiões de ver e de seguir a luz de Cristo — *aquele que me segue não andará nas trevas* — ou de perder-nos dentro de um túnel.

Basta que imaginemos uma jornada qualquer da nossa vida, com muitas situações rotineiras e alguns

---

(*) Josemaria Escrivá, *Caminho*, n. 575.

fatos inesperados. Cristo está ao nosso lado, desde que acordamos; e começam a aparecer as circunstâncias em que nos pede que vivamos a coerência cristã:

* Perante a ira provocada pela indelicadeza de um irmão, lá em casa, quando pegávamos a mochila para ir à escola, Cristo lança um raio de luz clara: «Perdoe-o, não se canse de perdoar, assim como eu não me canso de perdoar você» (cf. Mt 18, 21-22).

* Chegamos à escola, e damos de cara com o colega ou a colega de quem menos gostamos; não simpatizamos com ele ou com ela nem um pouquinho, e julgamos ter motivos para isso. A luz da fé aquece o nosso coração, e é como se a voz de Cristo sussurrasse: «Você sabe que deve esforçar-se por *amar o seu próximo como a si mesmo*, ainda que não seja seu amigo, mesmo que seja seu inimigo, mesmo que se tenha comportado mal com você» (cf. Lc 10, 27; Mt 5, 44).

* Ao sair para ir à lanchonete, num intervalo, o rapaz é abordado por uma colega, conhecida por ser uma menina «liberada» (outros dão-lhe um nome diferente), que lhe sugere verem depois, voltando da escola, pornografias novas na Internet, e, de passagem, programarem para domingo uma «transa». Logo a luz brilhante da fé e o amor ao seu compromisso cristão lembram ao rapaz: «Você bem sabe — e você vibra de alegria ao pensar nisso — que o seu corpo é templo de Deus, que o corpo não é para a impureza, mas para o Senhor, para os amores nobres e limpos que desabrocham no grande ideal cristão do Matrimônio e da família. Não profane nem o seu corpo nem o seu amor» (cf. Mt 5, 27-28; 1 Cor 6, 15-20).

* Chegamos a casa, no fim das aulas, e a preguiça formiga no corpo todo. Que vontade de tirar uma soneca ou, pelo menos, de deitar-se na cama, embalados — ou eletrizados — pelo som de um CD do Iron Maiden! O estudo..., bem, o estudo..., que espere... Pois também aí a fé bem formada nos faz chegar um raio de luz, e sentimos que o próprio Cristo nos recorda que amor e dever estão muito ligados, ao mesmo tempo que nos anima a ser generosos, a oferecer-lhe com carinho o trabalho feito com a maior perfeição possível e a carregar com garbo, com um sorriso, a nossa cruz de cada dia (cf. Mt 16, 24-25).

* Pronto. Já estudamos durante duas horas e meia (com distrações e vários «passeios da preguiça» pelo apartamento, certamente; mas, enfim, estudamos). Agora, sim, é a hora de submergir na televisão e desligar de tudo o mais. Mas o coração sabe que há uma ajuda a prestar ao pai, à mãe, a um irmão que anda fraco nos estudos. O egoísmo range e reclama... Mas o bom coração sente remorsos... E então Cristo nos ajuda a lembrar-nos de que *servir e dar a vida pelos outros*, como Ele fez por nós, é um maravilhoso ideal que a fé acendeu na nossa alma (cf. Mt 20, 25-28; Jo 13, 12-17)...

Situações comuns, no dia vulgar de um estudante. Certamente, a fé é uma luz clara para essas situações corriqueiras; e, do mesmo modo, também virá a ser uma luz clara para as novas situações comuns — um pouco mais complexas —, que surgirem no futuro, quando, já adultos, tivermos que assumir as grandes responsabilidades da vida. E igualmente a fé será luz, a grande luz que esclarece, fortalece e consola, quando vierem — sempre vêm algumas — as situações incomuns, as circunstâncias difíceis em que batem à porta o sofrimento, a incompreensão, a injustiça, a doença e a morte. Só a fé bem vivida nos tornará capazes de lhes dar sentido e de manter-nos na paz.

A experiência indica que, conforme seja a força da fé com que encaramos as circunstâncias normais do dia a dia, assim será a fé com que saberemos encarar — quando for o caso — as grandes lutas, os grandes empreendimentos, os grandes desafios.

Fé autêntica e formação, como vemos, são inseparáveis. Pois só a formação cristã séria, progressiva, constante, pode dar-nos condições de viver coerentemente com a nossa fé.

Dizíamos há pouco que a formação não é um luxo. Vale a pena frisá-lo de novo, e incentivar — quando já estamos chegando ao final destas páginas — a Mônica, o Eduardo e tantos outros rapazes e moças, a decidir-se, neste momento privilegiado da vida que é a juventude, a levar a sério a sua formação cristã: estudando a fundo a doutrina católica, lendo e meditando a Sagrada Escritura e bons livros de formação e espiritualidade, consultando as suas dúvidas e incertezas com quem os possa ajudar, procurando uma direção espiritual pessoal que os auxilie, para verem onde precisam lutar, como deveriam rezar, o que deveriam corrigir, onde lhes faz falta melhorar, como poderiam dar-se mais aos outros, que virtude está sendo mais necessária, que qualidade é preciso desenvolver...; e que, ao mesmo tempo, os oriente sobre os meios necessários (Sacramentos, oração, sacrifícios, planos espirituais, obras de caridade etc.) para lutar e vencer de maneira eficaz, secundando a ação do Espírito Santo na alma.

Formação! «Durante a vida inteira», dizia Gregorio Marañón, «nós seremos o que formos capazes de ser desde jovens»*.

Sim, a vida inteira vai depender da autenticidade do ideal humano e cristão que formos capazes de procurar, assumir e seguir na juventude. A vida inteira dependerá do que formos capazes de fazer com a nossa liberdade, esse navio aberto a toda a rosa dos ventos, que agora — na juventude — está à espera de uma bússola e de um Norte. A vida inteira dependerá da coragem sincera com que formos capazes agora de procurar a luz da fé, e de segui-la, uma vez encontrada. A nossa vida inteira dependerá disso tudo..., e disso também dependerão muitas outras vidas, que os dias, os meses e os anos irão ligando à nossa.

(*) Gregorio Marañón, *Ensayos liberales*, 6ª ed., Austral, Madri, 1966, p. 79.

É pensando nestas coisas que, antes de pôr um ponto final a estas páginas, julguei que seria oportuno estampar, como fecho deste pequeno livro, umas palavras muito sugestivas de João Paulo II. São declarações do Papa ao jornal francês *La Croix*, de 20.08.1997, logo depois de ter participado, em Paris, das XII Jornadas Mundiais da Juventude:

«Os jovens trazem consigo um ideal de vida; têm sede de felicidade. Pela sua atuação e pelo seu entusiasmo, os jovens lembram-nos que a vida não pode ser simplesmente uma procura de riqueza, de bem-estar, de honrarias. Eles nos revelam uma aspiração mais profunda, que todo homem carrega dentro de si, um desejo de vida interior e de encontro com o Senhor, que bate à porta do nosso coração para nos dar a sua vida e o seu amor. Somente Deus pode preencher o desejo do homem.

Só nEle é que os valores fundamentais encontram a sua origem e o seu sentido último. Nem todas as opções valem a mesma coisa, ainda que, segundo a mentalidade dominante, «tudo seja válido», independentemente do sentido moral dos atos. Os jovens são arrastados às vezes nessa confusão, mas sabem reagir; não cessam de dizer-nos que esperam de nós, os adultos, uma vida reta e bela».

E que espera o Papa dos jovens? — perguntava o jornal. «Espero deles que mobilizem a sua generosidade, a sua inteligência e a sua energia para tornarem o mundo mais acolhedor para todos; que se ponham a serviço da felicidade e da dignidade dos seus irmãos e irmãs; que saibam que dar-se aos outros será para eles o modo de alcançarem o seu pleno desenvolvimento. Espero dos jovens cristãos que descubram cada vez mais «a largura, e a longitude, a altura e a profundidade» do mistério de Cristo (Ef 3, 18) e a beleza da sua condição de filhos de Deus; que desempenhem plenamente o seu papel ativo e responsável na Igreja e na sociedade; que sejam testemunhas convincentes do Amor com que Deus nos ama, fazendo eles próprios da sua vida um dom».

Direção geral
Renata Ferlin Sugai

Direção editorial
Hugo Langone

Produção editorial
Juliana Amato
Gabriela Haeitmann
Ronaldo Vasconcelos
Roberto Martins

Capa
Provazi Design

Diagramação
Sérgio Ramalho

ESTE LIVRO ACABOU DE SE IMPRIMIR
A 25 DE FEVEREIRO DE 2025,
EM PAPEL OFFSET 75 g/m^2.